Impressum
Verlag: BABADADA GmbH, Nedderfeld 112 , 22529 Hamburg
Geschäftsführer / Verlagsleitung: Harald Hof
Druck: Books on Demand GmbH, In de Tarpen 42, 22848 Norderstedt

Imprint
Publisher: BABADADA GmbH, Nedderfeld 112 , 22529 Hamburg, Germany
Managing Director / Publishing direction: Harald Hof
Print: Books on Demand GmbH, In de Tarpen 42, 22848 Norderstedt, Germany

escuela

ቤት-ትምህርቲ

aula
ክፍሊ ክላስ
dividir
መቀለ
pizarra
patio
ቀጽሪ ቤት-ትምህርቲ
maestro/a
መምህር
papel
ወረቐት
escribir
bolígrafo
መጽሓፊ
escritorio
ጣውላ ምጽሓፍ
regla
መስመር
libro
መጽሓፍ
alumno/a
ተመሃራይ

cartera

ሳንጣ ትምህርቲ

caja de lápices

ሰፈር ብርዒ

lápiz

ርሳስ

sacapuntas

መብልሒ ርሳስ

goma de borrar

መደምሰሲ

cuaderno de dibujo

ጥራዝ ስእሊ

dibujo
....
ስእሊ

pincel
....
ብርዒ ቀለም

caja de pinturas
....
ቦክስ ቀለም

tijeras
....
መቐስ

pegamento
....
መጣበቒ

cuaderno de ejercicios
....
ጥራዝ መላመዲ

deberes
....
ዕዮ ገዛ

número
....
ቁጽሪ

sumar
....
ወሰኸ

restar
....
ጎደለ

multiplicar
....
ረብሐ

calcular
....
ደመረ

letra
....
ፊደል

alfabeto
....
ስርዓት ፊደላት

palabra
....
ቃል

texto

ጽሑፍ

leer

ኣንበበ

tiza

ኩርሽ

lección

ሰዓት

cuaderno de notas

መዝገብ ክላስ

examen

መርመራ

certificado

ሰርቲፊከት

uniforme escolar

ድቢዛ ቤትትምህርቲ

educación

ትምህርቲ

enciclopedia

ለክሲኮን

universidad

ዩኒቨርሲቲ

microscopio

ሚክሮስኮፕ

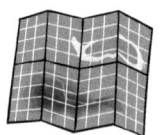

mapa

ካርታ

papelera

ጎሓፍ ወረቐት

viaje

መገሻ

hotel
መቐበሊ ኣጋይሽ
Grand
albergue
ሆስተል
ROOMS
oficina de cambio de divisas
ቦታ ቅያር ገንዘብ
CHANGE
maleta
ባሊጃ
coche
መኪና

idioma

ቋንቋ

sí / no

እወ / ኖ

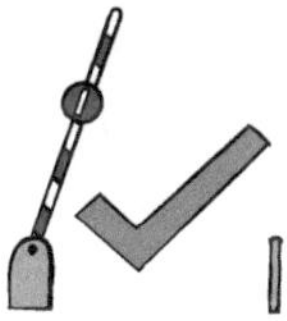

Vale

ሕራይ

hola

ሰላም

traductor

ኣስተርጓሚ

Gracias

የቐንየለይ

¿cuánto es…?

. . . ክንደይ ዋግኡ?

No entiendo

ኣይተረድኣኹን

problema

ሽግር

¡Buenas tardes!

ሰላም ምሸት!

¡Buenos días!

ከመይ ሓዲርካ

¡Buenas noches!

ሰላም ለይቲ

adiós

ደሓን ኩን

dirección

ኣንፈት

equipaje

ጕዓዝ

bolsa

ሳንጣ

mochila

ሳንጣ ሕቖ

invitado

ጋሻ

habitación

ክፍሊ

saco de dormir

ክሻ መደቐሲ

tienda de campaña

ቴንዳ

información turística

ሓበሬታ በጻሕቲ ሃገር

playa

ገምገም ባሕሪ

tarjeta de crédito

ክረዲት ካርድ

desayuno

ቁርሲ

almuerzo

ምሳሕ

cena

ድራር

billete

ቲከት

ascensor

ሊፍት

sello

ማሕተም ደብዳበ

frontera

ዶብ

aduana

ድጓና

embajada

ኣምበሲ

visa

ቪዛ

pasaporte

ፓስፖርት

transporte

መጓዓዝያ

avión
ነፋሪት
barco
መርከብ
coche de bomberos
መኪና መጥፍኢ ሓዊ
camión
ናይ ጽዕነት መኪና
autobús
lancha a motor
ጃልባ ሞቶር
coche
መኪና
bicicleta
ብሽግለታ

transbordador

ፈሪ

barca

ጃልባ

moto

ሞቶ

coche de policía

መኪና ፖሊስ

coche de carreras

መኪና ቅድድም

coche de alquiler

ክራይ መኪና

préstamo de vehículos

ምውፋይ መካይን

grúa

መወሰዲ መኪና

camión de la basura

መኪና ጎሓፍ

motor

ሞቶር

gasolina

ነዳዲ

gasolinera

እንዳ ነዳዲ

señal de tráfico

ምልክት ትራፊክ

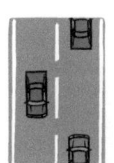

tráfico

ትራፊክ

atasco

ምጭቕጫቕ ትራፊክ

aparcamiento

መዐሸጊ መኪና

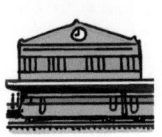

estación de tren

መዕረፊ ባቡር

vías

ሓዲግ

tren

ባቡር

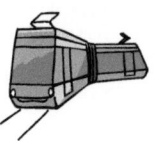

tranvía

ትረም

vagón

ባጎኒ

helicóptero

ሄሊኮፕተር

aeropuerto

መዓረፎ ነፈርቲ

torre

ታወር

pasajero

ተጐዓዚ

contenedor

ኮንተይነር

caja de cartón

ሳንዱቕ ካርቶን

carretilla

ኮርሳ ጽዕነት

cesta

ዘንቢል

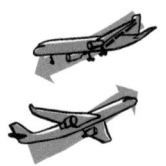

despegar / aterrizar

ተበገሰ / ዓለበ

ciudad

ከተማ

pueblo

ቊሸት

centro de ciudad

ማእከል ከተማ

casa

ገዛ

cine
ሲነማ

anuncio
ረክላም

farola
መብራህቲ ጎደና

CINEMA

calle
ጽርግያ

taxi
ታክሲ

quiosco
ባንኮ

peatón
እግረኛ

acera
መንገዲ እግር

cruce
መራኸቢ

paso de cebra
ምልክት ዘብራ

contenedor de basura
ሰፈር ጉሓፍ

semáforo
ሴማፎር

cabaña

አጉዶ

apartamento

አፓርትመንት

estación de tren

መዕረፊ ባቡር

ayuntamiento

ቤት ምምሕዳር

museo

ቤተ መዘክር

escuela

ቤት-ትምህርቲ

universidad

ዩኒቨርሲቲ

banco

ባንክ

hospital

ሆስፒታል

hotel

መቐበሊ ኣጋይሽ

farmacia

ቤት መድሃኒት

oficina

ቤት ጽሕፈት

librería

ዱኳን መጽሓፍቲ

tienda

ዱኳን

floristería

ዱኳን ዕንባባ

supermercado

ሱፐርማርክት

mercado

ዕዳጋ

grandes almacenes

ሹቕ

pescadería

ነጋዳይ ዓሳ

centro comercial

ሹቕ

puerto

መርሳ

parque

መዘናግዒ

banco

ባንኪ

puente

ድልድል

escaleras

መደያይቦ

metro

ባቡር ትሕቲ ምድሪ

túnel

ቢንቶ

parada de autobús

መዕረፊ አውቶቡስ

bar

ቤት መስተ

restaurante

ቤት-መግቢ

buzón

ሰታሪት

poste indicador

ታቤላ

parquímetro

ሰዓት ፓርኪንግ

zoo

መካነ እንስሳታት

piscina

መሓምበሲ

mezquita

መስጊድ

granja

ቤት ሕርሻ

contaminación

ብከላ

cementerio

መቓብር

iglesia

ቤተክርስትያን

patio de juego

ቦታ ምጽዋት

templo

ቤት መቕደስ

paisaje

ስእሊ መሬት

hoja
ኣቖጽልቲ
señal
መሕበሪ መገዲ
camino
መገዲ
prado
ሸኻ
piedra
እምኒ
excursionista
ኮብላሊ
árbol
ኣግራብ
río
ፈለግ
hierba
ሰዓሪ
flor
ዕንባባ

valle

ስንጭሮ

colina

ጎቦ

lago

ቀላይ

bosque

ዱር

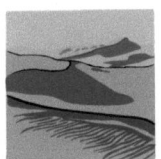

desierto

ምድረ በዳ

volcán

እሳተ-ጎመራ

castillo

ግምቢ

arcoíris

ቀስተ-ደመና

champiñón

ቃንጥሻ

palmera

ዓርኮብኮባይ

mosquito

ጣንጡ

mosca

ሃመማ

hormiga

ጻጸ

abeja

ንህቢ

araña

ሳሬት

escarabajo

ሕንዚዝ

rana

ዕንቅርዖብ

ardilla

ምጽጹላይ

erizo

ቅንፍዝ

liebre

ማንቲለ

lechuza

ጉንጓ

pájaro

ጭሩ

cisne

ስዋን

jabalí

መፍለስ

ciervo

ዓጋዘን

alce

ሙስ

presa

ግድብ

turbina eólica

ተርባይን ንፋስ

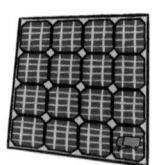

panel solar

ሶላር ስርሓት

clima

ኩነታት ኣየር

camarero
አሳላፊ

menú
ካርታ
መግብታት

silla
መንበር

sopa
መረቅ

pizza
ፒትሳ

cubertería
መመታተሪ

mantel
ክዳን ጣውላ

primer plato

ቅድም ቀንዲ መግቢ

plato principal

ቀንዲ መኣዲ

postre

ድሕሪ መግቢ

bebidas

መስተ

comida

መግቢ

botella

ጥርሙዝ

comida rápida

....

ስሉጥ መግቢ

comida callejera

....

መግቢ ጽርግያ

tetera

....

ብርጭቆ ሻሂ

azucarero

....

ታኒካ ሽኮር

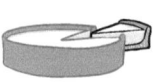

porción

....

ክፋል

cafetera expreso

....

ማሺን ኤስፕረሶ

trona

....

ነዊሕ መንበር

cuenta

....

ጸብጻብ

bandeja

....

ታብለት

cuchillo

....

ካራ

tenedor

....

ፋርከታ

cuchara

....

ማንካ

cucharilla

....

ማንካ ሻሂ

servilleta

....

ሰርቬየተ

vaso

....

ብኬሪ

plato

ሽሓኒ

plato hondo

ሽሓኒ መረቕ

platillo

ትሕቲ ኩባያ

salsa

ጸብሒ

salero

ወሃቢ ጨው

molinillo de pimienta

መጥሓን በርበረ

vinagre

ኣቸቶ

aceite

ዘይቲ

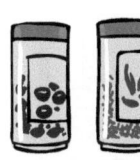

especias

ቀመም

ketchup

ከቹፕ

mostaza

ኣድሪ

mayonesa

ማዮኒዝ

supermercado
ሱፐርማርክት

oferta especial
ወፈያ
cliente
ዓሚል
lácteos
ፍርያታት ጸባ
fruta
ፍረታት
carro de la compra
ሰረገላ ዱኳን

carnicería
....
እንዳ ስጋ

panadería
....
እንዳ ባኒ

pesar
....
ክብደት

verduras
....
ኣሕምልቲ

carne
....
ስጋ

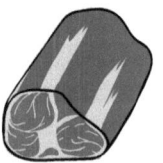

alimentos congelados
....
መግቢ ፍሪጅ በረድ

fiambres

ዝሑል ቅሩብ መግቢ

conservas

እስቃጥላ

detergente en polvo

ኦሞ

dulces

ምቁር መግቢ

productos de uso doméstico

ዘቤታውያን ኣቕሑ

productos de limpieza

ናውቲ መጸረዪ

vendedora

ሸቃጣይ

caja

ካሳ

cajero

ተሓዝ ገንዘብ

lista de la compra

ዝርዝር ምግዛእ

horario de atención al público

ክፉት ሰዓታት

cartera

ማሕፉዳ

tarjeta de crédito

ክረዲት ካርድ

bolsa

ሳንጣ

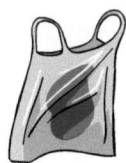

bolsa de plástico

ፌስታል

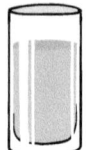

bebidas

መስተ

agua

ማይ

zumo

ጽማቕ

leche

ጸባ

cola

ኮላ

vino

ነቢት

cerveza

ቢራ

alcohol

ኣልኮል

cacao

ካካው

té

ሻሂ

café

ቡን

expreso

ኤስፕረሶ

capuchino

ካፑቺኖ

plátano

ባናና

manzana

ቱፋሕ

naranja

ኣራንሺ

melón

ብርጭቕ

limón

ለሚን

zanahoria

ካሮት

ajo

ጻዕዳ ሽጉርቲ

bambú

ባምቡስ

cebolla

ሽጉርቲ

champiñón

ቅንጥሻ

avellanas

ፉል

fideos

ፓስታ

espagueti

ስፓገቲ

arroz

ሩዝ

ensalada

ሰላጣ

patatas fritas

ቅልዋ ድንሽ

patatas fritas

ቅሉው ድንሽ

pizza

ፒትሳ

hamburguesa

ሃምቡርገር

sándwich

ፓኒኖ

filete

ቢስተካ

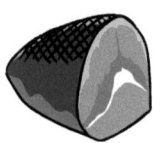

jamón

ሰለፍ ሓሰማ

salami

ሳላሚ

salchicha

ግዕዝም

pollo

ደርሆ

asado

ቀለወ

pescado

ዓሳ

copos de avena

ገዓት

muesli

ሙስሊ

copos de maíz

ኮርንፍለይክስ

harina

ሓርጭ

cruasán

ክሮሶን

panecillo

ባኒ

pan

ባኒ

tostada

ቶስት

galletas

ብሽኮቲ

mantequilla

ጠስሚ

cuajada

ርግኦ

pastel

ፓስተ

huevo

እንቋቑሖ

huevo frito

ቅሉው እንቋቑሖ

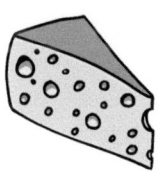

queso

ፋርማጆ

helado

አይስ ክሬም

azúcar

ሽኮር

miel

መዓር

mermelada

ጃም

crema de turrón

ኑጋት-ክረም

curry

ኩሪ

granja
ቤት ሕርሻ

fardo de paja
ሓሰር ቦንዳ

granero
መኽዘን

campo
ግራት

caballo
ፈረስ

remolque
ተስሓቢ

potro
ጊሎ

tractor
ትራክተር

burro
አድጊ

cordero
ዕየት

oveja
በጊዕ

cabra

ጤል

vaca

ብዕራይ

ternero

ምራኽ

cerdo

ሓሰማ

cerdito

ውላድ ሓሰማ

toro

ኣርሓ

ganso

ዓዓ

pato

ማይ ደርሆ

pollo

ጫቑት

gallina

ደርሆ

gallo

ኣርሓ ደርሆ

rata

ኣንጨዋ ዓባይ

gato

ድሙ

ratón

ኣንጭዋ

buey

ብዕራይ

perro

ከልቢ

perrera

ኣጉዶ ከልቢ

manguera

ቱባ ጀርዲን

regadera

መዝፈፊ ማይ

guadaña

ዓቢ ማዕጺድ

arado

ማሕረሻ

hoz

ማዕጺድ

azada

ጭኽሮ

horca

መስአ

hacha

ፋስ

carretilla

ዓረብያ ኢድ

abrevadero

ጋብላ

lechera

ብርጭቆ ጸባ

saco

ክሻ

valla

ሓጹር

establo

መጓሰስ

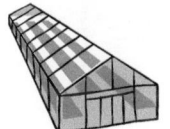

invernadero

ቐጠልያ ገዛ

suelo

ባይታ

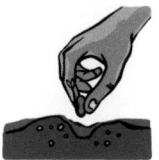

semilla

ዘርኢ

fertilizador

ድኹዒ

cosechadora

ዘጣምር ቀውዓይ

cosechar

ቀውዐ

cosecha

ጻማ

ñame

ድንሽ ያም

trigo

ስርናይ

soja

ሶያ

patata

ድንሽ

maíz

ዕፉን

semilla de colza

ራፕስ

árbol frutal

ገረብ ፍረታት

mandioca

ማኒኦክ

cereales

ኣእኻል

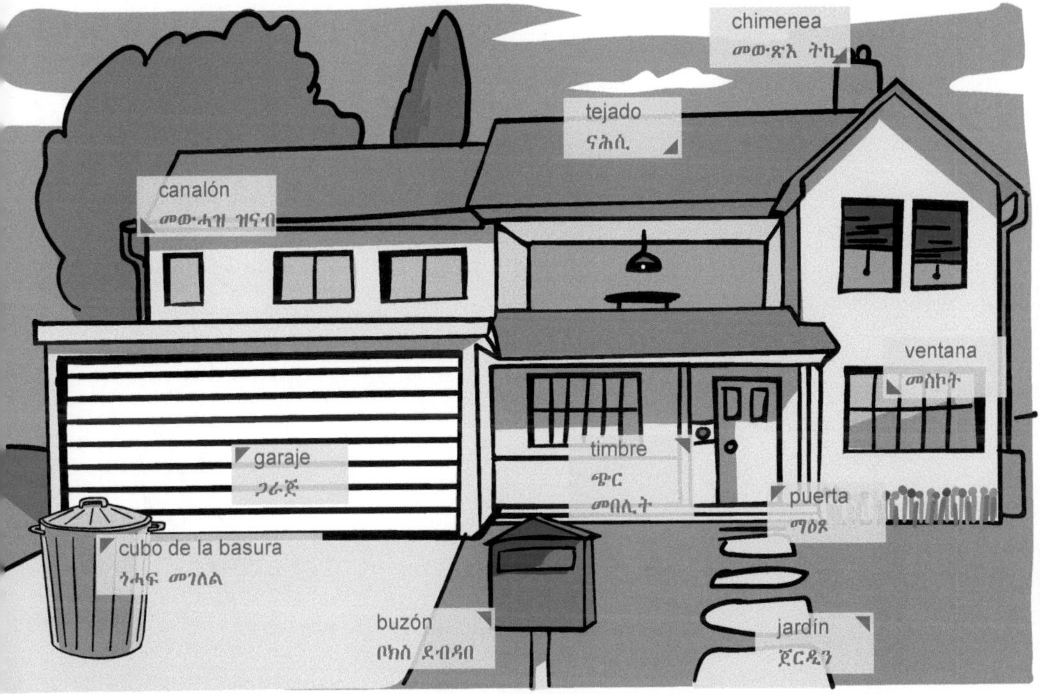

chimenea
መውጽእ ትኪ

tejado
ናሕሲ

canalón
መውሓዝ ዝናብ

ventana
መስኮት

garaje
ጋራጅ

timbre
ጭር መበሊት

puerta
ማዕጾ

cubo de la basura
ጎሓፍ መገለል

buzón
ቦክስ ደብዳበ

jardín
ጀርዴን

sala

ክፍሊ ምቕማጥ

cuarto de baño

ክፍሊ ባንዮ

cocina

ክሽነ

dormitorio

ክፍሊ መደቀሲ

habitación de los niños

ክፍሊ ቆልዑ

comedor

መመገቢ ክፍሊ

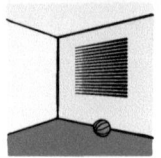

suelo

ባይታ

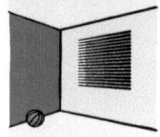

pared

መንደቕ

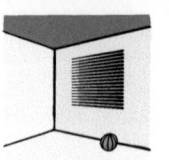

techo

ከቦርታ

sótano

ካንቲና

sauna

ሳውና

balcón

ባልኮን

terraza

ዛላ

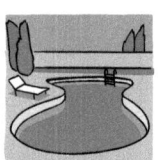

piscina

መሕምበሲ

cortacésped

መቑረጺ ሳዕሪ

sábana

ኣንሶላ ዓራት

colcha

ከቦርታ ዓራት

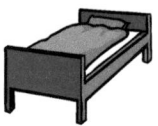

cama

ዓራት

escoba

መኾስተር

balde

መገለል

interruptor

መወልዒት

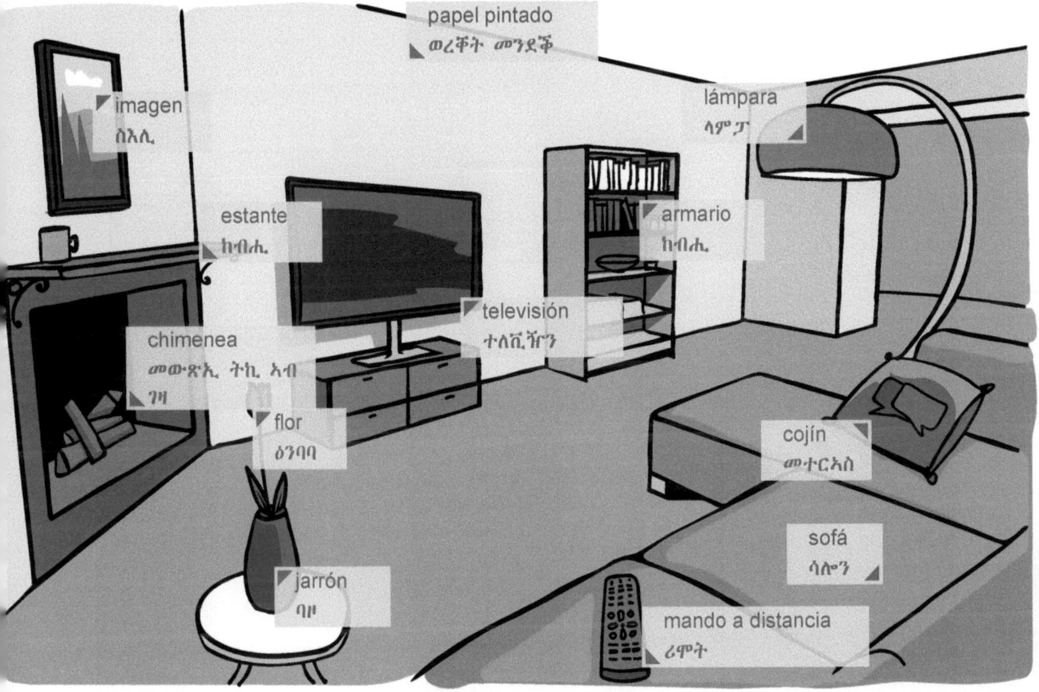

papel pintado
ወረቐት መንደቕ

imagen
ስእሊ

lámpara
ላምፓ

estante
ኪብሒ

armario
ኪብሒ

chimenea
መውድኢ ትኪ አብ ገዛ

televisión
ተለቪዥን

flor
ዕንባባ

cojín
መተርኣስ

sofá
ሳሎን

jarrón
ባዩ

mando a distancia
ሪሞት

alfombra

መንጸፍ

cortina

መጋረጃ

mesa

ጣውላ

silla

መንበር

mecedora

ሰለል ዝብል መንበር

butaca

መንበር ምቹእ

libro

....

መጽሓፍ

manta

....

ክቦርታ

decoración

....

ስልማት

leña

....

እንጨይቲ ሓዊ

película

....

ፊልም

equipo de música

....

ስተረዮ

llave

....

መፍትሕ

periódico

....

ጋዜጣ

pintura

....

ቕብኣ

póster

....

ፖስተር

radio

....

ረድዮ

cuaderno

....

ጥራዝ

aspiradora

....

መልገሲ ደሮና

cactus

....

በለስ

vela

....

ሽምዓ

cocina

ክሽነ

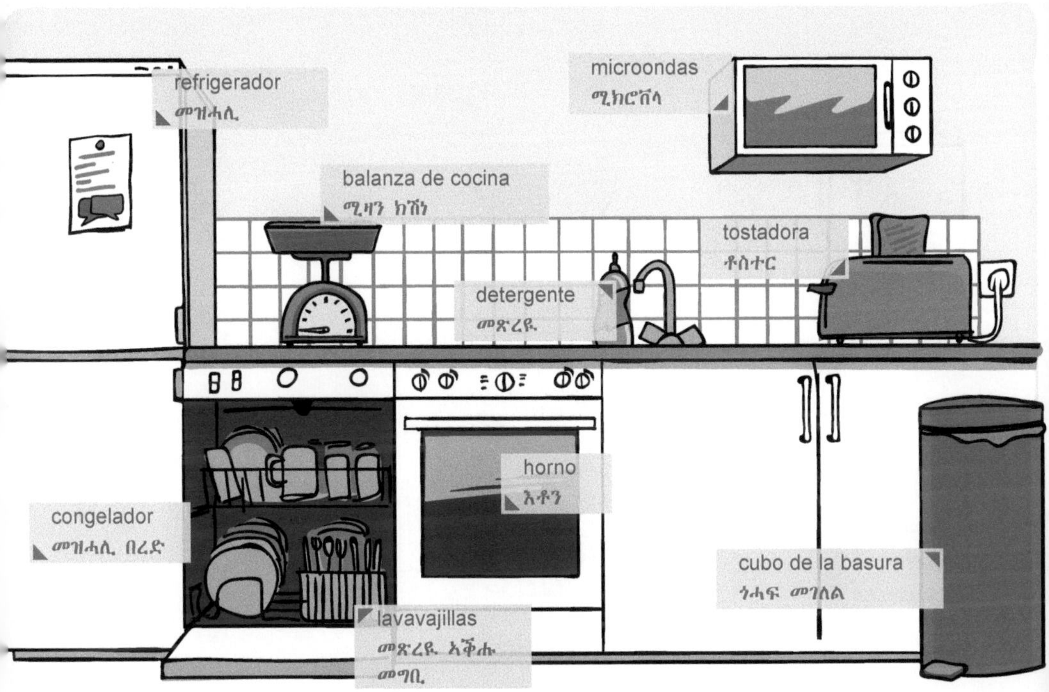

refrigerador
መዝሓሊ
microondas
ሚክሮቨላ
balanza de cocina
ሚዛን ክሽነ
tostadora
ቶስተር
detergente
መጽረዪ
horno
እቶን
congelador
መዝሓሊ በረድ
cubo de la basura
ጎሓፍ መገለል
lavavajillas
መጽረዪ ኣቑሑ መግቢ

olla a presión

መኸሸኒ

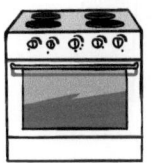

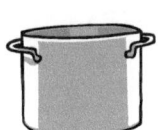

olla

ድስቲ

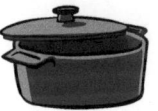

olla de hierro fundido

ድስቲ ሓጺን

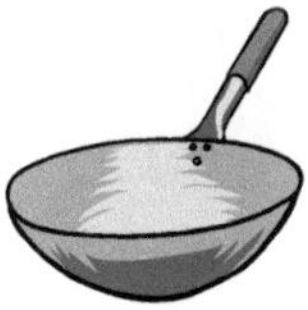

wok / karahi

ቮክ/ካዳይ

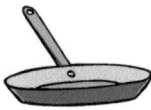

cazuela

ባደላ

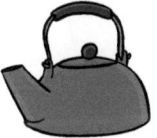

hervidor

መውዓዪ ማይ

vaporera

መፍልሒ

chapa de horno

ዓንቴራ ምስንካት

vajilla

ኣቕሑ መግቢ

taza

ብርጭቆ

tazón

ጭሓሎ

palillos

ማንካቺና

cucharón

ማንካ መረቕ

espumadera

መገልበጢ ባደላ

batidor

መኹስተር ውርጪ

colador

መንፊት መግቢ

cedazo

መንፊት

rallador

መፋሕፍሒ

mortero

ሞርታር

barbacoa

ባርቢክዩ

hoguera

ስፍራ ሓዊ

tabla de picar

....

እንጨይቲ ምምታር

rodillo

....

እንጨይቲ ኲረር

sacacorchos

....

መኸፈት ቡሽ

lata

....

ታኒካ

abrelatas

....

መኸፈቲ ታኒካ

agarrador

....

ጨርቂ ድስቲ

lavabo

....

ቡምባ

cepillo

....

ኣስባስላ

esponja

....

ሰፍነግ

batidora

....

ሓዋሲ ኣደባላቒ

congelador

....

መዝሓሊ በረድ

biberón

....

ጥርሙዝ ማማይ

grifo

....

ቡምባ ማይ

cuarto de baño

ክፍሊ ባንዮ

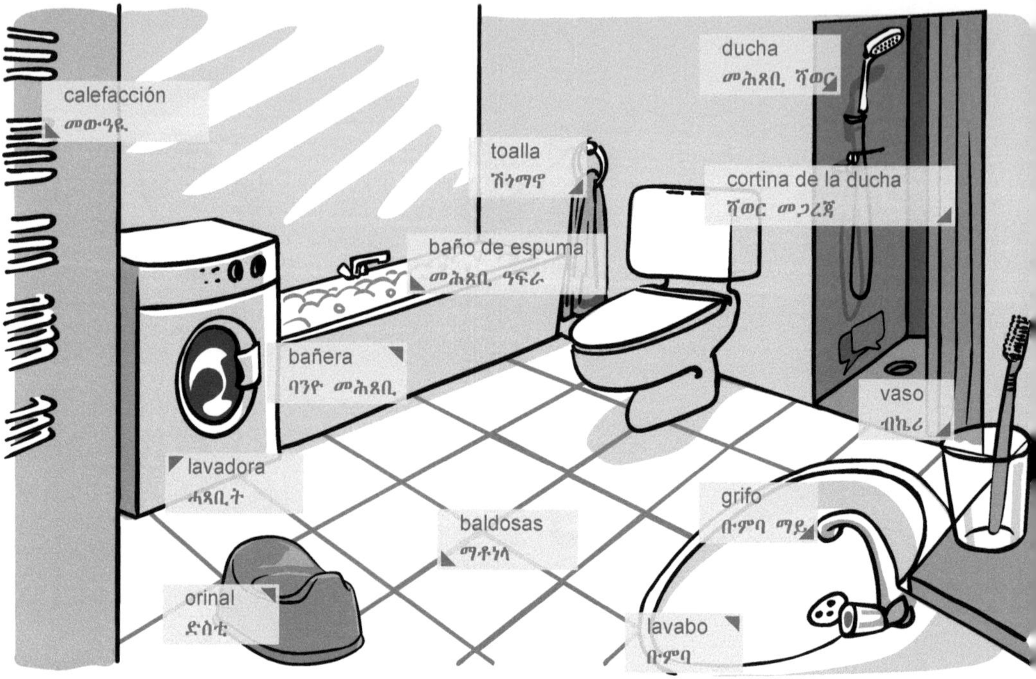

calefacción
መውዓዪ
ducha
መሕጸቢ ሻወር
toalla
ሽጎማኖ
cortina de la ducha
ሻወር መጋረጃ
baño de espuma
መሕጸቢ ዓፍራ
bañera
vaso
ብኬሪ
lavadora
ሓጻቢት
grifo
ቡምባ ማይ
baldosas
ማቶነላ
orinal
ድስቲ
lavabo
ቡምባ

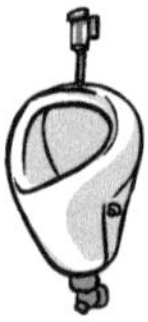

inodoro

ሽቓቕ

inodoro rústico

ሽቓቕ ኮፍ

bidé

በዱ

urinario

ሽቓቕ ተባዕታይ

papel higiénico

ወረቐት ሽቓቕ

escobilla del váter

ኣስባስላ ሽቓቕ

cepillo de dientes

ኣስባስላ ስኒ

pasta de dientes

ክሬማ ስኒ

hilo dental

ሃሪ ስኒ

lavar

ሓጸበ

ducha de mano

ዱሽ ኢድ

ducha íntima

ዱሽ

pila

ብርጭቆ ምሕጻብ

cepillo de espalda

ኣስባስላ ሕቖ

jabón

ሳምና

gel de ducha

ሻወር ጀል

champú

ሻምፑ

toallita

ጨርቂ መሕጸቢ

desagüe

መውሓዚ

crema

ክሬማ

desodorante

ደዮ ጨና

espejo

መስትያት

espejo de tocador

ናይ ኢድ መስትያት

maquinilla de afeitar

መላጸ

espuma de afeitar

ዓፍራ ምልጻይ

loción postafeitado

ጨና ድሕሪ ምልጻይ

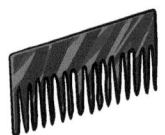

peine

መመሸጥ

cepillo

ኣስባስላ

secador

መንቐጺ ጸጉሪ

laca

ስፕረይ ጸጉሪ

maquillaje

መመላኽዒ

pintalabios

ብርዒ ቀለም ከንፈር

pintauñas

ኣዝማልቶ

algodón

ጸምሪ ጡጥ

cortauñas

መስደዲ ጽፍሪ

perfume

ጨና

estuche de viaje

ሳንጣ መሕጸቢ

banqueta

ድኳ

balanza

ሚዛን

albornoz

ክዳን መሕጸቢ

guantes de goma

ጓንቲ መጸረዩ

tampón

ታምፖን

compresa

ጨርቂ ሰበይቲ

inodoro químico

ሽቓቕ ከሚስትሪ

habitación de los niños

ክፍሊ ቆልዑ

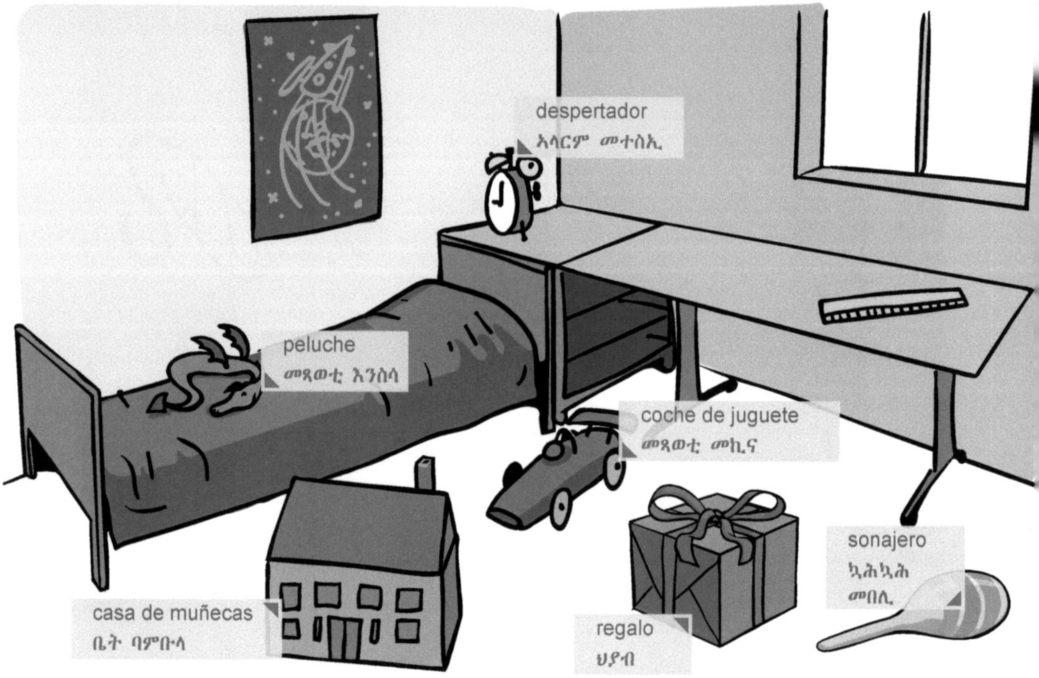
despertador
አላርም መተስኢ
peluche
መጻወቲ እንስሳ
coche de juguete
መጻወቲ መኪና
sonajero
ኳሕኳሕ
መበሊ
casa de muñecas
ቤት ባምቡላ
regalo
ህያብ

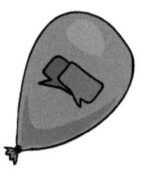

globo

ባላንችና

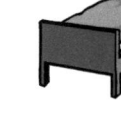

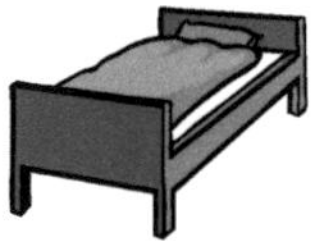

cama

ዓራት

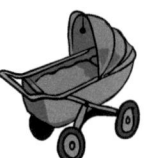

coche de niño

ሰረገላ ህጻን

naipes

ጻወታ ካርታ

puzle

ሕንቅሊተይ

SUPER
MEGA

tebeo

ኮሚዲ

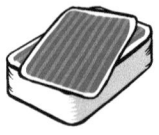

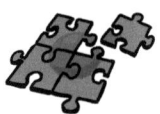

piezas de lego

እምንታት መጻወቲ ለጎ

bloques de juguete

መጻወቲ እምንታት

figura de acción

በዓል አክቸን

bodi (de bebé)

ክዳን ማማይ

frisbee

ፍሪስቢ

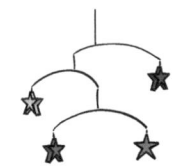

colgador móvil para bebés

ሞባይል ማማይ

juego de mesa

ጻወታ ሰሌዳ

dados

ኩቦ

circuito de tren eléctrico

ሞደል ባቡር ምድሪ

maniquí

ዓባስ

fiesta

ፓርቲ

álbum de fotos

መጽሓፍ ስእሊ

pelota

ኩዕሶ

muñeca

ባምቡላ

jugar

ተጻወተ

cajón de arena

መጻወቲ ሑጻ

columpio

ሰላል

juguetes

መጻወቲታት

videoconsola

ኮንሶል ቪድዮ

triciclo

መጻወቲ ሰለስተ መንኮርኮር

oso de peluche

ተዲ

guardarropa

ከብሒ ክዳን

ropa

ክዳን

calcetines

ካልስታት

medias

ነዊሕ ካልስታት

leotardos

ስረ ካልሲ

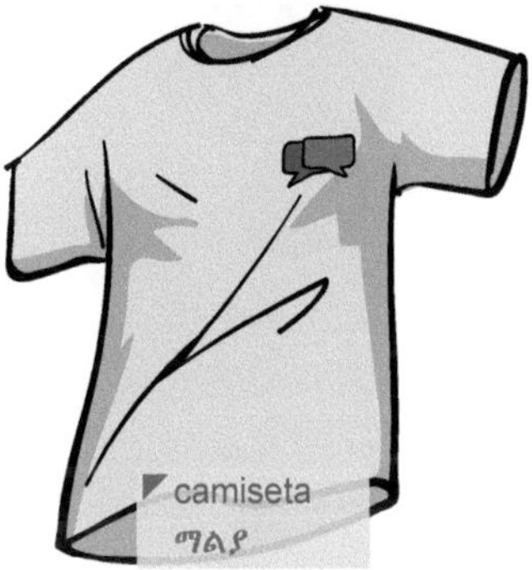

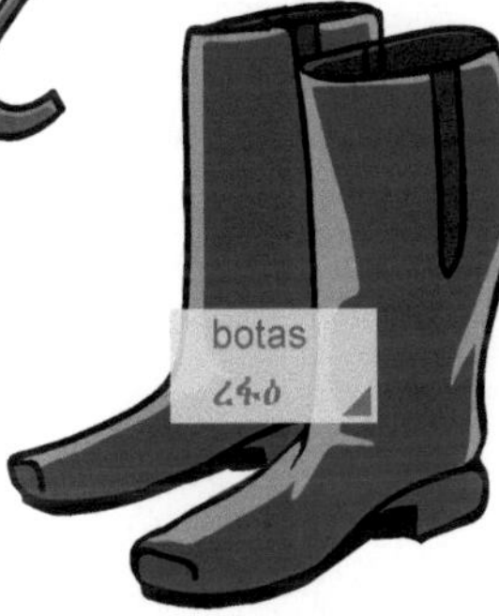

bufanda
ሻርባ

cinturón
ቁልፊ

paraguas
ጽላል

camiseta
ማልያ

botas
ረፋዕ

zapatillas
ጫማ ገዛ

deportivas
ስኒከርስ

sandalias

ሸበጥ

zapatos

ጫማ

botas de goma

ረፋዕ ጎማ

slip

ሙታንታ

sostén

ክዳን ጡብ

chaleco

ትሕተ ካሚቻ

bodi

ቦዲ

pantalones

ስረ

vaqueros

ጂንስ

falda

ቀምሽ

blusa

ካምቻ

camisa

ካሚቻ

jersey

ጉልፎ

suéter

ጎልፎ

blazer

ጃኬት

chaqueta

ጃከት

abrigo

ጁባ

gabardina

ክዳን ዝናብ

traje

ኮስቱም

vestido

ቀምሽ

vestido de novia

ቀምሽ መርዓ

traje

ልብሲ

camisón

ካሚቻ ለይቲ

pijama

ክዳን ለይቲ

sari

ሳሪ

bandana

መሃረብ ርእሲ

turbante

ቱርባን

burka

ቡርካ

caftán

ካፍታን

abaya

ኣባያ

traje de baño

ክዳን መሕምበሲ

bañador

ስረ መሕምበሲ

pantalones cortos

ሓጺር ስረ

chándal

ክዳን ታዕሊም

delantal

በጃ ክዳን

guantes

ጓንቲ

botón

መልጎም

gafas

መነጽር

brazalete

በንናጅር

collar

ማዕተብ

anillo

ቀለበት

pendiente

ኩትሻ

gorra

ቆብዕ

percha

መንበሪ ጁባ

sombrero

ባርነጣ

corbata

ካርራቫት

cremallera

ቫርነጣ

casco

ሀልመት

tirantes

መድልደል ስረ

uniforme escolar

ድቢዛ ቤትትምህርቲ

uniforme

ድቢዛ

babero

ሰደርያ ቆልዓ

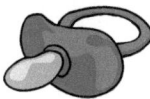

maniquí

ዓባስ

pañal

ጨርቂ ማማይ

oficina

ቤት ጽሕፈት

servidor
ሰርቨር
archivo
ከብሒ ሰነድ
impresora
ፕሪንተር
papel
ወረቐት
monitor
ሞኒቶር
escritorio
ጣውላ ምጽሓፍ
ratón
carpeta
teclado
ኪቦርድ
papelera
ጎሓፍ ወረቐት
ordenador
ኮምፒተር
silla
መንበር

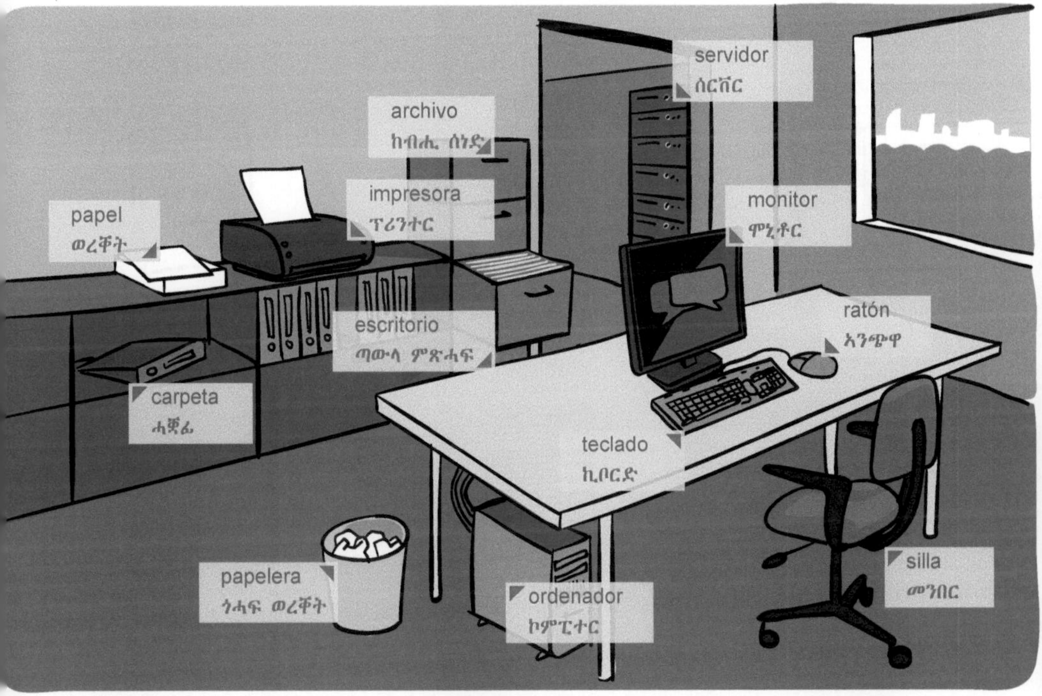

taza de café

ብርጭቆ ቡን

calculadora

ካልኩለተር

internet

ኢንተርነት

portátil

ለፕቶፕ

carta

ደብዳበ

mensaje

መልእኽቲ

móvil

ሞባይል

red

ነትወርክ/መርበብ

fotocopiadora

መቅድሒ ፎቶኮፒ

software

ሶፍትዌር

teléfono

ተለፎን

toma de corriente

ሶከት ኳረንቲ

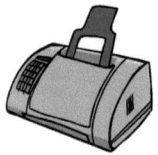

fax

ፋክስ

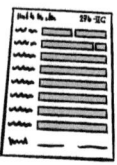

formulario

ፎርም

documento

ሰነድ

comprar

ገዝአ

pagar

ከፈለ

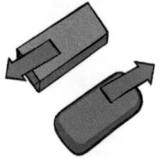

comerciar

ንግዲ

dinero

ገንዘብ

dólar

ዶላር

euro

ኦይሮ

yen

የን

rublo

ሩበል

franco suizo

ስዊዝ ፍራንከን

renminbi yuan

ረንሚንቢ ዩዋን

rupia

ሩፒየ

cajero automático

መውጽኢ ማሺን ገንዘብ

oficina de cambio de divisas

ቦታ ቅያር ገንዘብ

oro

ወርቂ

plata

ብሩር

petróleo

ዘይቲ

energía

ሓይሊ

precio

ዋጋ

contrato

ውዕል

impuesto

ቀረጽ

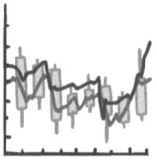

acción

እኩብ ጥረ-ነገራት

trabajar

ሰርሐ

empleado

ሰራሕተኛ

empleador

ኣስራሒ

fábrica

ትካል

tienda

ዱኳን

52 economía - ቍጠባ

agente de policía
በዓል ፖሊስ

bombero
መጠፈኢ
ሓዊ

piloto
መራሒ ነፋሪት

médico
ሓኪም

cocinero
ከሻኒ

jardinero

ሰራሕተኛ ጀርዲን

carpintero

ጸራቢ ዕንጸይቲ

costurera

ሰፋይት

juez

ፈራዳይ

farmacéutico

ቀማሚ

actor

ተዋሳኢ

conductor de autobús

መራሒ ኣዉቶቡስ

taxista

ኣውቲስታ ታክሲ

pescador

ገፋፊ ዓሳ

señora de la limpieza

ጸራጊት

techador

ሃናጻይ ናሕሲ

camarero

ኣሰላፊ

cazador

ሃዳናይ

pintor

ሰኣላይ

panadero

እንዳ ሕብስቲ

electricista

ኤለትሪከኛ

obrero

ሃናጺ ኣባይቲ

ingeniero

ሃንዳሲ

carnicero

ሰራሕተኛ እንዳ ስጋ

fontanero

ድራብሊኮ

cartero

ኣማላላሲ ፖስጣ

soldado

ወተሃደር

arquitecto

መሃንድስ

cajero

ተሓዝ ገንዘብ

florista

ሰራሕተኛ ዕምባባ

peluquero

ቀምቃማይ

revisor

ፈተሪኖ

mecánico

መካኒክ

capitán

መራሒ መርከብ

dentista

ሓኪም ስኒ

científico

ተመራማሪ

rabino

ራቢ

imán

ኢማም

monje

ፈላሲ

sacerdote

ቀሺ

herramientas

ናውቲ

martillo
ሞደሻ
alicates
ጉጤት
destornillador
ዘዋር መስኒ
llave
linterna
ላምፓዲና

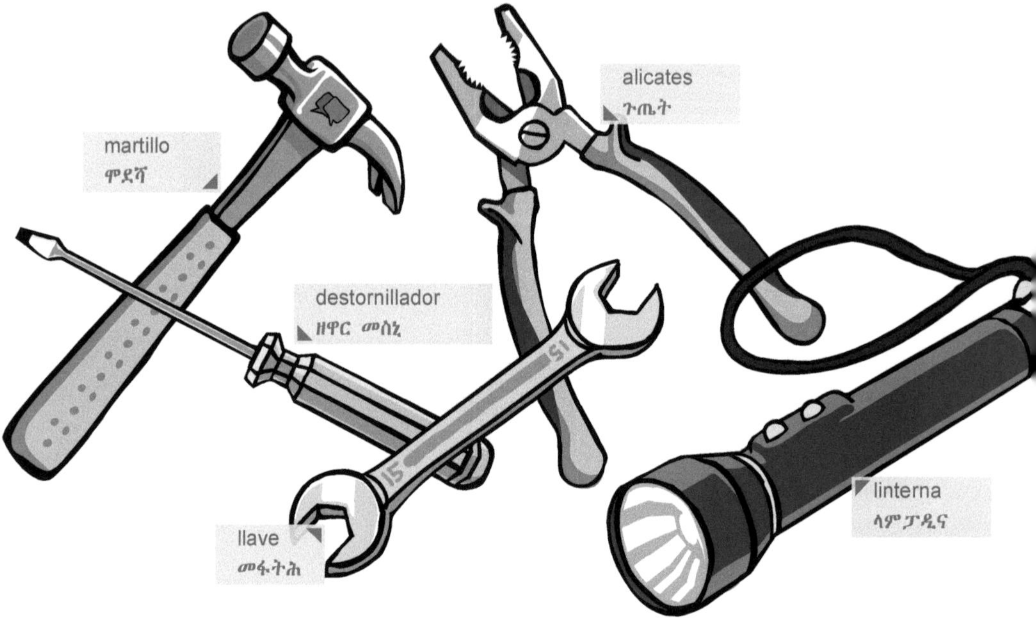

excavadora

ፈሓሪ

caja de herramientas

ናውቲ ቦክስ

escalera de mano

መደያይቦ

sierra

መጋዝ

clavos

መስማር

taladro

ኩዓቲ

reparar

ምዕራይ

pala

ባደላ

¡Maldita sea!

ኣይ!

recogedor

መትሓዚ ዶሮና

bote de pintura

ድስቲ ቀለም

tornillos

ካቻቢተ

instrumentos musicales

መሳርሒ ሙዚቃ

altavoz
እስፒከር

batería
ከበሮታት

contrabajo
ረጕድ ዓባይ ጊታር

guitarra
ጊታር

trompeta
ትሮምፐት

piano

ፒያኖ

violín

ቪዮሊን

bajo

ባስ ጊታር

timbales

ቲምኒኢ

tambor

ከቦሮ

teclado

ኦር.ጋን

saxofón

ሳክሶፎን

flauta

ሻምብቆ

micrófono

ሚክሮፎን

ZOO

መካነ እንስሳታት

entrada
መእተዊ
tigre
jaula
ጎብያ
cebra
ኣድጊ በረኻ
pienso
መግቢ እንስሳ
panda
ፓንዳ

animales

እንስሳታት

elefante

ሓርማዝ

canguro

ካንጋሩ

rinoceronte

ሓሪሽ

gorila

ጉሪላ

oso

ድቢ

camello

ገመል

avestruz

ሰገን

león

ኣንበሳ

mono

ህበይ

flamingo

ፍላሚንጎ

loro

ሕንጻይ

oso polar

ድቢ በረድ

pingüino

ፐንጉን

tiburón

ከልቢ ዓሳ

pavo real

ጣውስ

serpiente

ተመን

cocodrilo

ሓርገጽ

guardián de zoológico

ሓላዊ ቤት ገርድሽ

foca

ዓሳ ዚምገብ እንስሳ ባሕሪ

jaguar

ጃጓር

poni

ሓጺር ፈረስ

leopardo

ነብሪ

hipopótamo

ጉማረ

jirafa

ጂራፍ

águila

ሊላ

jabalí

መፍለስ

pescado

ዓሳ

tortuga

ጎብየ

morsa

ዋልሩስ

zorro

ወኻርያ

gacela

ሰስሓ

deportes

ስፖርት

fútbol americano
ናይ ኣሜሪካ ኩዕሶ እግሪ
ciclismo
ምዝዋር ብሽግለታ
tenis
ተኒስ
baloncesto
ባስከትባል
natación
ምሕምባስ
boxeo
ቦክሲንግ
hockey sobre hielo
ሆኪ በረድ

fútbol

ኩዕሶ እግሪ

bádminton

ባድሚንቶን

atletismo

እስፖርታዊ ንጥፈታት

balonmano

ኩዕሶ ኢድ

esquí

ስኪ

polo

ፖሎ

reír
ሰሓቐ

saltar
ነጠረ

abrazar
ሓቘፈ

caminar
ከደ

cantar
ደረፈ

soñar
ሓለመ

rezar
ጸለየ

besar
ሰዓመ

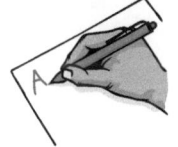

escribir

ጸሓፈ

dibujar

ሰኣለ

mostrar

ኣርኣየ

empujar

ደፍአ

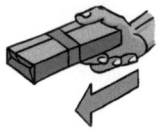

dar

ሃበ

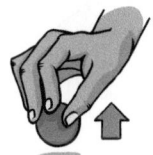

tomar

ወሰደ

tener

ኣለወ

hacer

ገበረ

ser

ኮነ

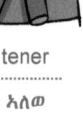

estar de pie

ጠጠው በለ

correr

ጎየየ

tirar

ሰሓበ

tirar

ሰንደወ

caer

ወደቐ

yacer

ሓሰወ

esperar

ተጸበየ

llevar

ሰከም

estar sentado

ኮፍ በለ

vestirse

ተኸድነ

dormir

ደቀሰ

despertar

ተስአ

mirar

ረኣየ

llorar

በኸየ

acariciar

ብኣጻብዑ ደረዘ

peinar

መሸጠ

hablar

ተዛረበ

entender

ተረድአ

preguntar

ሓተተ

escuchar

ሰምዐ

beber

ሰተየ

comer

በልዐ

ordenar

ኣቐመጠ

amar

ኣፍቀረ

cocinar

ከሸነ

conducir

ዘወረ

volar

ነፈረ

navegar

ብመርከብ ገየሸ

calcular

ደመረ

leer

ኣንበበ

aprender

ተመሃረ

trabajar

ሰርሐ

casarse

መርዓወ

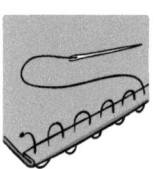

coser

ሰፈየ

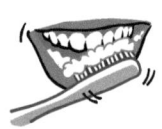

cepillarse los dientes

ጽሬት ኣስናን

matar

ቀተለ

fumar

ሽጋራ ተከኸ

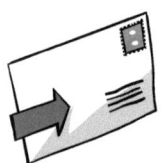

enviar

ሰደደ

66 actividades - ንጥፈታት

abuela
ዓባየ

abuelo
አቦሓጎ

padre
አቦ

madre
አደ

bebé
ማማይ

hija
ጓል

hijo
ወዲ

invitado

ጋሻ

tía

ሓትኖ

tío

አኮ

hermano

ሓው

hermana

ሓፍቲ

cuerpo

ኣካላት

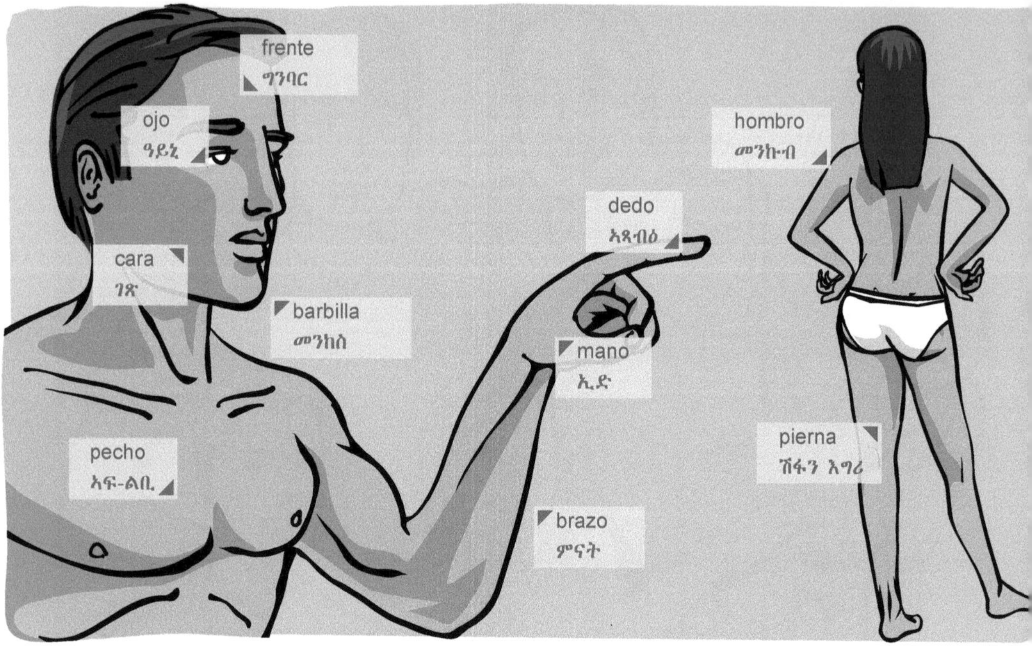

frente
ግንባር
ojo
ዓይኒ
hombro
መንኩብ
dedo
cara
ገጽ
barbilla
መንከስ
mano
ኢድ
pecho
pierna
ሽፋን እግሪ
brazo
ምናት

bebé
ማማይ

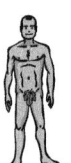

hombre
ሰብኣይ

mujer
ሰበይቲ

chica
ጓል

chico
ወዲ

cabeza
ርእሲ

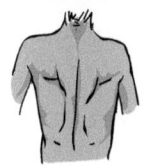

espalda

ሕቖ

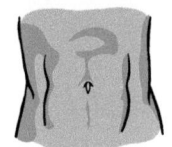

vientre

ከስዐ

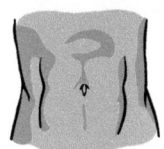

ombligo

ሕምብርቲ

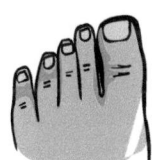

dedo del pie

ኣጻብዕ እግሪ

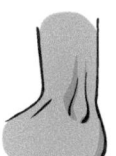

talón

ኩርኾረ

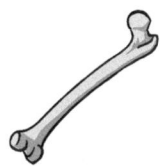

hueso

ዓጽሚ

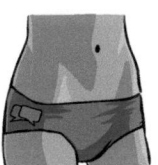

cadera

ምሕኩልቲ

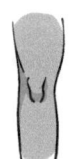

rodilla

ብርኪ

codo

ፎግፎጐ

nariz

ኣፍንጫ

trasero

መዓኮር

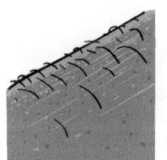

piel

ቆርበት

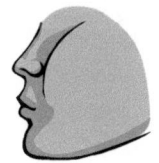

mejilla

ምዕጉርቲ

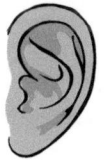

oído

እዝኒ

labio

ከንፈር

boca

አፍ

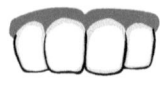

diente

ስኒ

lengua

መልሓስ

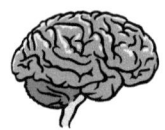

cerebro

ሓንጎል

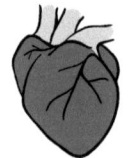

corazón

ልቢ

músculo

ጭዋዳ

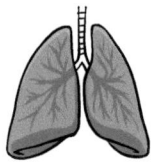

pulmón

ሳንቡእ

hígado

ጸላም ከብዲ

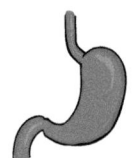

estómago

ከብዲ

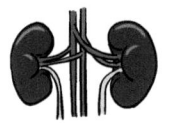

riñones

ኩሊት

sexo

ግብረ ስጋ

condón

ኮንዶም

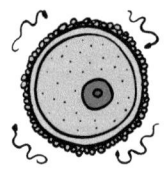

ovario

እንቋቑሖ

semen

ዘርኢ ተባዕታይ

embarazo

ጥንሲ

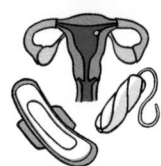

menstruación

ጽግያት

vagina

ርሕሚ

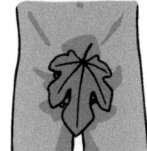

pene

መትሎ

ceja

ሽፋሽፍቲ

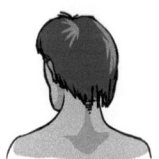

pelo

ጸጉሪ

cuello

ክሳድ

hospital

ሆስፒታል

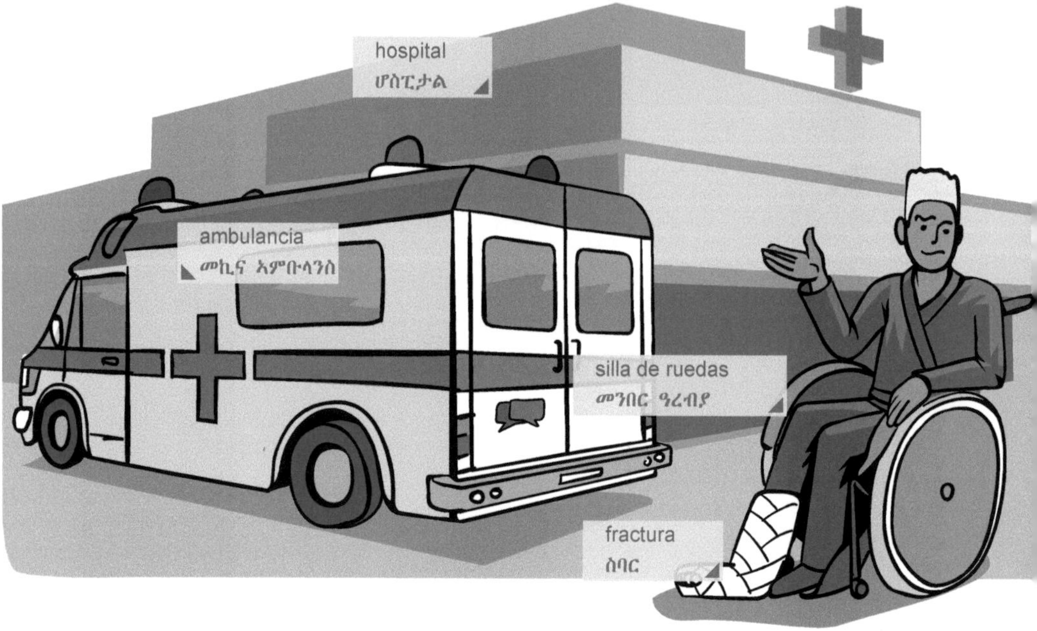

ambulancia
መኪና ኣምቡላንስ
silla de ruedas
መንበር ዓረብያ
fractura
ስባር

médico

ሓኪም

sala de urgencias

ክፍሊ ህጹጽ ረድኤት

enfermera

ኣላይት

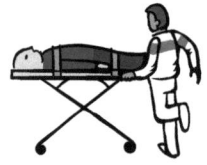

urgencia

ህጹጽ ኩነት

inconsciente

ውነኡ ዘጥፍአ

dolor

ቃንዛ

lesión

ጉድኣት

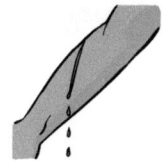

hemorragia

ደም

infarto

ማህረምቲ

ictus

ማህረምቲ

alergia

ኣለርጂ

tos

ሰዓል

fiebre

ረስኒ

gripe

ኢንፍልወንዛ

diarrea

ውጽኣት

dolor de cabeza

ቃንዛ ርእሲ

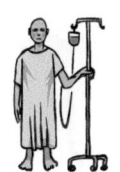

cáncer

መንሽሮ

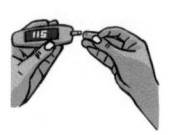

diabetes

ሹኮርያ

cirujano

ሓኪም መጥባሕቲ

bisturí

መጥብሒ

operación

መጥባሕቲ

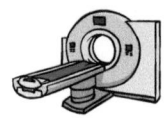

TAC

CT

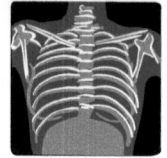

rayos x

ራጂ

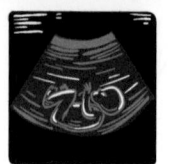

ultrasonido

ልዕለ ድምጻዊ

mascarilla

መሸፈኒ ገጽ

enfermedad

ሕማም

sala de espera

ክፍሊ ምጽባይ

muleta

ምርኩስ

tirita

መጀነኒ ቁስሊ

venda

መጀነኒ

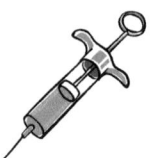

inyección

መርፍዕ ምውጋእ

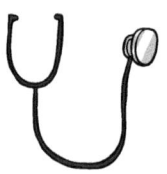

estetoscopio

ስተቶስኮፕ

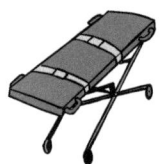

camilla

መሰከሚ ሕማም

termómetro

ቴርሞመተር

nacimiento

ትውልዲ

sobrepeso

ልዕለ-ሚዛን

audífono

ሓገዝ ምስማዕ

desinfectante

ኣንጻሂ

infección

ልበዳ

virus

ቫይረስ

VIH / SIDA

ኤድስ

medicina

ሕክምና

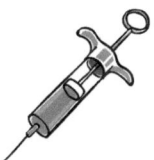

vacunación

ክታበ

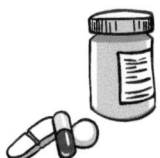

tabletas

ከኒና

pastilla

ከኒና

llamada de urgencia

ህጹጽ ምድዋል

tensiómetro

መዕቀኒ ጸቕጢ ደም

enfermo / sano

ሕሙም / ጥዑይ

urgencia

ህጹጽ ኩነት

¡Socorro!

ሓገዝ

alarma

ኣላርም

asalto

ምህጃም

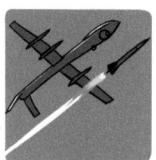

ataque

መጥቃዕቲ

peligro

ድንገት

salida de emergencia

ህጹጽ መውጽኢ

¡Fuego!

ሓዊ!

extintor de incendios

መጥፍኢ ሓዊ

accidente

ሓደጋ

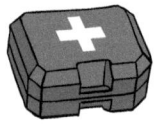

botiquín de primeros auxilios

ሳንጣ ቀዳማይ ረድኤት

SOS

SOS

policía

ፖሊስ

Europa

ኤውሮጳ

Norteamérica

ሰሜን ኣመሪካ

Sudamérica

ደቡብ ኣመሪካ

África

ኣፍሪቃ

Asia

ኤስያ

Australia

ኣውስትራልያ

Atlántico

ኣትላንቲክ

Pacífico

ፓሲፊክ

Océano Índico

ህንዳዊ ዉቕያኖስ

Océano Antártico

ኣንታርቲካዊ ዉቕያኖስ

Océano Ártico

ኣርክቲካዊ ዉቕያኖስ

polo norte

ሰሜናዊ ዋልታ

polo sur

ደቡባዊ ዋልታ

Antártida

ኣንታርቲካ

tierra

ምድሪ

tierra

መሬት

mar

ባሕሪ

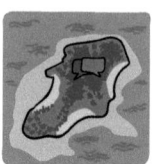

isla

ደሴት

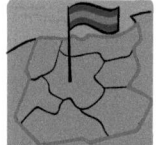

nación

ሃገር

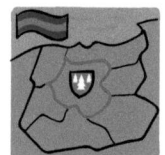

estado

ዓዲ

esfera

ገጽ ሰዓት

manecilla de las horas

ኣመልካቲ ሰዓታት

minutero

ኣመልካቲ ደቓይቕ

segundero

ኣመልካቲ ካልኢት

¿Qué hora es?

ሰዓት ክንደይ ኣሎ?

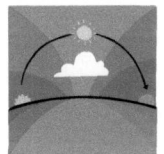

día

መዓልቲ

tiempo

ግዜ

ahora

ሕጂ

reloj digital

ዲጂታል ሰዓት

minuto

ደቒቕ

hora

ሰዓት

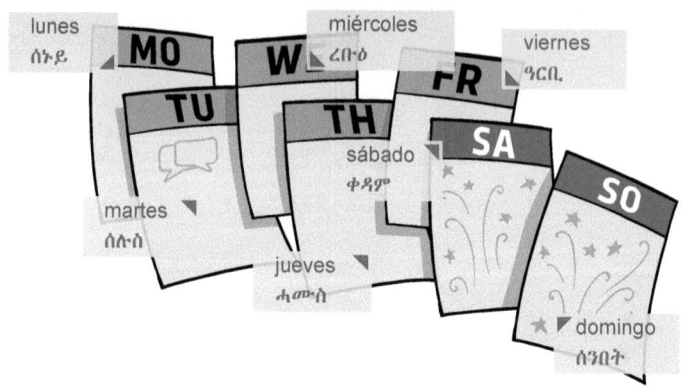

semana

ሰሙን

lunes
ሰኑይ
MO
martes
ሰሉስ
TU
miércoles
ረቡዕ
W
jueves
ሓሙስ
TH
viernes
ዓርቢ
FR
sábado
ቀዳም
SA
domingo
ሰንበት
SO

ayer

ትማሊ

hoy

ሎሚ

mañana

ጽባሕ

mañana

ንጉሆ

mediodía

ቀትሪ

tarde

ምሸት

días laborables

መዓልታት ስራሕ

fin de semana

መወዳእታ ሰሙን

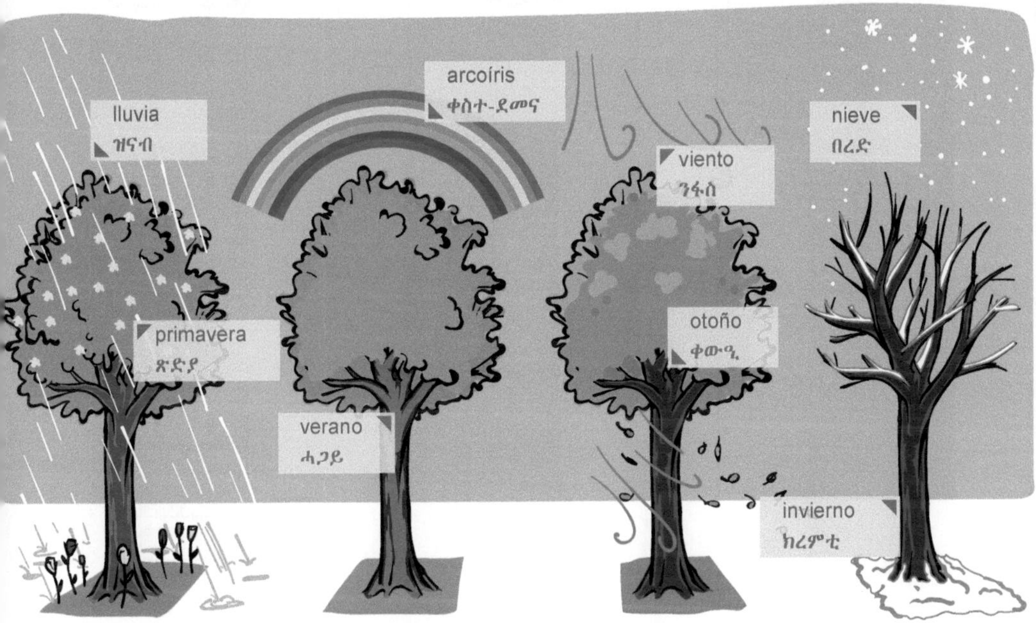

lluvia
ዝናብ
arcoíris
ቀስተ-ደመና
nieve
በረድ
viento
ንፋስ
primavera
ጽድያ
otoño
ቀውዒ
verano
ሓጋይ
invierno
ክረምቲ

pronóstico del tiempo

ትንቢት ኩነታት ኣየር

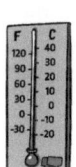

termómetro

ቴርሞመተር

sol

ብርሃን ጸሓይ

nube

ደበና

niebla

ግመ

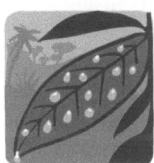

humedad

ጠሊ

rayo

ብርቂ

trueno

ነጎዳ

tormenta

ህቦብላ

granizo

በረድ

monzón

ብርቱዕ ህቦብላ

inundación

ውሕጅ

hielo

በረድ

enero

ጥሪ

febrero

ለካቲት

marzo

መጋቢት

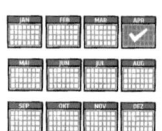

abril

ሚያዝያ

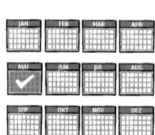

mayo

ግንቦት

junio

ሰነ

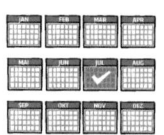

julio

ሓምለ

agosto

ነሓሰ

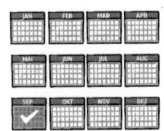

septiembre

መስከረም

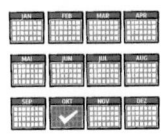

octubre

ጥቅምቲ

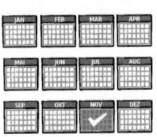

noviembre

ሕዳር

diciembre

ታሕሳስ

formas

ቅርጽታት

círculo

ዙርያ

cuadrado

ትርብዒት

rectángulo

ቅኑዕ ርቡዕ ኵርናዕ

triángulo

ስሉስ ኩርናዕ

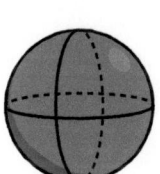

esfera

ክቢ

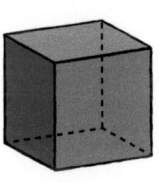

cubo

ኩቦ

colores

ሕብርታት

blanco

ጻዕዳ

amarillo

ብጫ

anaranjado

ኣራንሺ

rosa

ፒንክ

rojo

ቀይሕ

morado

ጁኽ

azul

ሰማያዊ

verde

ቀጠልያ

marrón

ቡናዊ

gris

ሓሙኽሽታይ

negro

ጸሊም

opuestos
ኣንጻራት

mucho / poco

ብዙሕ / ውሑድ

enojado / tranquilo

ሕሩቕ / ሰላማዊ

bonito / feo

ጽቡቕ / ክፉእ

principio / fin

መጀመርያ / መወዳእታ

grande / pequeño

ዓቢ / ንእሽቶ

claro / oscuro

ብሩህ / ጸልማት

hermano / hermana

ሓው / ሓፍቲ

limpio / sucio

ጽሩይ / ርሳሕ

completo / incompleto

ምሉእ / ዘይምሉእ

día / noche

መዓልቲ / ለይቲ

muerto / vivo

ሙዉት / ህልው

ancho / estrecho

ሰፊሕ / ጸቢብ

comestible / no comestible

ደስ ዘበል / ደስ ዘይብል

malo / amable

እኩይ / ህያዋይ

entusiasmado / aburrido

ርቡጽ / ስልኩይ

gordo / delgado

ረጊድ / ቀጢን

primero / último

ቀዳማይ / ናይ መወዳእታ

amigo / enemigo

ዓርኪ / ጸላኢ

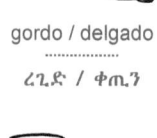

lleno / vacío

ምሉእ / ባዶ

duro / blando

ተሪር / ልስሉስ

pesado / ligero

ከቢድ / ፈኩስ

hambre / sed

ጥምየት / ጽምየት

enfermo / sano

ሕሙም / ጥዑይ

ilegal / legal

ዘይሕጋዊ / ሕጋዊ

inteligente / tonto

መስተውዓሊ / ስዲ

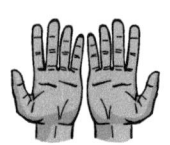

izquierda / derecha

ጸጋም / የማን

cerca / lejos

ቀረባ / ርሑቕ

nuevo / usado

ሓዲሽ / ብሉይ

nada / algo

ዋላ ሓደ / ገለ

viejo / joven

ዓቢ/ኣረጊት / መንእሰይ

encendido / apagado

ወልዕ / ኣጥፍእ

abierto / cerrado

ክፉት / ዕጹው

silencioso / ruidoso

ህዱእ / ዓው

rico / pobre

ሃብታም / ድኻ

correcto / incorrecto

ቅኑዕ / ግጉይ

áspero / suave

ሓርፋፍ / ልሙጽ

triste / contento

ጉሁይ / ሕጉስ

corto / largo

ሓጺር / ነዊሕ

lento / rápido

ቀስ / ቅልጡፍ

húmedo / seco

ጥሉል / ንቑጽ

cálido / frío

ምዉቕ / ዝሑል

guerra / paz

ውግእ / ሰላም

números

ቁጽርታት

0

cero

ዜሮ

1

uno

ሓደ

2

dos

ክልተ

3

tres

ሰለስተ

4

cuatro

ኣርባዕተ

5

cinco

ሓሙሽተ

6

seis

ሽዱሽተ

7

siete

ሸውዓተ

8

ocho

ሸሞንተ

9

nueve

ትሽዓተ

10

diez

ዓሰርተ

11

once

ዓሰርተ ሓደ

12

doce

ዓሰርተ ክልተ

13

trece

ዓሰርተ ሰለስተ

14

catorce

ዓሰርተ ኣርባዕተ

15

quince

ዓሰርተ ሓሙሽተ

16

dieciséis

ዓሰርተ ሽዱሽተ

17

diecisiete

ዓሰርተ ሸውዓተ

18

dieciocho

ዓሰርተ ሸሞንተ

19

diecinueve

ዓሰርተ ትሽዓተ

20

veinte

ዕስራ

100

cien

ሚእቲ

1.000

mil

ሽሕ

1.000.000

millón

ሚልዮን

idiomas
ቋንቋታት

inglés

እንግሊዝኛ

inglés americano

ኣመሪካዊ እንግሊዛዊ

chino mandarín

ቻይናዊ ማንዳሪን

hindi

ሂንዳዊ

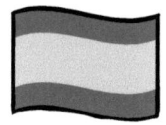

español

እስጳኛዊ

francés

ፈረንሳዊ

árabe

ዓረባዊ

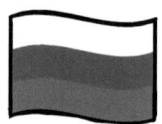

ruso

ሩሲያዊ

portugués

ፖርቱጋላዊ

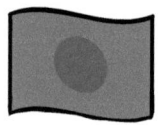

bengalí

በንጋሊ

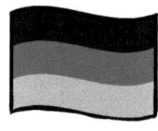

alemán

ጀርመናዊ

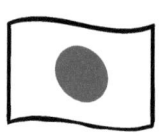

japonés

ጃፓናዊ

quién / qué / cómo
መን / እንታይ / ከመይ

yo

ኣነ

tú

ንስኻ/ኺ

él / ella / ello

ንሱ / ንሳ / ንሱ

nosotros/as

ንሕና

vosotros/as

ንስኻ

ellos/as

ንሳቶም

¿quién?

መን?

¿qué?

እንታይ?

¿cómo?

ከመይ?

¿dónde?

ኣበይ?

¿cuándo?

መዓስ?

nombre

ሽም

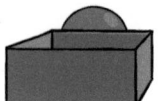

dónde

ኣበይ

detrás

ድሕሪ

en

ኣብ

delante de

ኣብ ቅድሚ

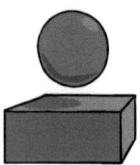

por encima de

ኣብ ላዕሊ

sobre

ኣብ ልዕሊ

debajo de

ትሕቲ ምድሪ

junto a

ኣብ ጥቓ

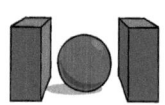

entre

ኣብ መንጎ

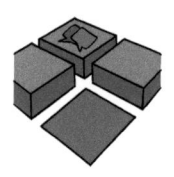

lugar

ቦታ